과학도감학습만화시리즈 12

최강왕 배틀

큰뿔양 vs 들소

글 슬라이움, 이카로스
그림 블랙 잉크 팀
감수 수의학 박사 무라타 코이치

등장인물

다윈 박사가 모은 X벤처 조사대. 박사의 명령이 떨어지면 세계 각지로 날아가 다양한 동물에 대해 조사한다. 때로는 위험한 임무도 있다.

쉐리
어릴 때 뱀에게 도움을 받은 이후 뱀을 무척 좋아하게 되었다. 화가 나면 강력한 펀치를 날리며, 수의사가 되기 위해 공부 중이다.

제이크
조사대의 리더로 루이스와 의견이 맞지 않아 대립한다. 그래도 역시 마지막엔 친구와 손잡고 함께 싸운다.

타잔
오랑우탄의 손에서 자라 동물과 대화할 수 있다. 엄청난 식욕으로 조사 도중 일어난 슬픈 일을 극복하며 오늘도 먹는다.

유나
찰스 박사의 조수. 자신의 목숨을 구해 준 루이스를 좋아하지만 루이스는 늘 쉐리만 보며 싱글벙글….

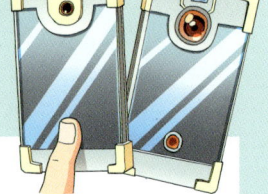

미스터 로이빌
루이스의 아빠로 세계 부자 재단 FWW의 보스. 목적을 달성하기 위해서라면 수단을 가리지 않지만 무엇보다 아들의 행복을 바라고 있다. 인간을 마인드 컨트롤 하는 기술을 찰스 박사에게서 빼앗는다.

애널라이저
다윈 박사가 발명한 조사용 도구. 통신 기능과 카메라 기능뿐만 아니라 자연과 동물을 기록하거나 분석할 수 있다.

틸다
찰스 박사가 귀여워하는 코알라. 마인드 컨트롤을 당해 괴로워한다.

루이스
제이크와 대립하다 한때는 조사대를 그만뒀지만 동물을 마인드 컨트롤 하는 것이 잘못된 행동임을 깨닫는다.

쿠와메
남아프리카에 사는 산족 출신. 조사 활동 중 부상을 입어 고향인 아프리카로 돌아간다. 당시 족장 후보였는데 지금은…?

빈
몸집은 작지만 지식은 박사 수준. 손해 보는 경우가 많지만 늘 지켜 주는 루이스를 형처럼 따른다.

다윈 박사
생물학과 동물학으로 유명한 박사. X벤처 조사대에게 임무를 맡긴다. 열심히 단련한 체력이 자랑거리이며, 아이들이 위기에 빠지면 나타나 악당을 물리쳐 주는, 든든한 지도자.

코시
쿠와메의 소꿉친구로 쿠와메를 존경한다.

딕스
다윈 박사도 파랗게 질릴 정도로 뛰어난 운동 능력을 가진 모험가로 제이크의 아빠.

찰스 박사
다윈 박사의 옛 제자로 동물을 마인드 컨트롤 하는 기술을 개발한다.

스미스
다윈 박사의 충실한 비서로 조사 활동을 서포트 한다.

차례

1장	또다시 광견병?!	005
2장	두 개의 팀	025
3장	기지 잠입!	043
4장	루이스 아빠의 배신	061
5장	컨트롤 불능	079
6장	진짜 목적	097
7장	박치기 대승부	115
8장	모든 것이 끝난 후에	133

※만화의 구성상 동물의 크기는 실제와 다를 수 있습니다.

1장
또다시 광견병?!

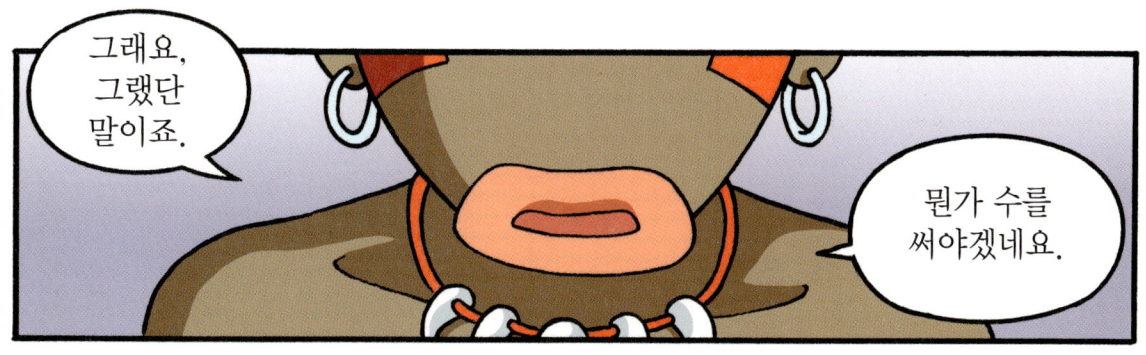

나 참! 뭐야, 갑자기….

소목

소목이란?
경우제목(鯨偶蹄目) 아래 분류에 속하는 동물로 한 번 위로 보낸 풀을 되새김해서 다시 씹는 반추를 하는 초식 동물이 많다. 반추하는 동물의 대부분은 위가 4개로 나뉘어 있어서 위가 하나뿐인 동물은 소화할 수 없는 물질을 소화할 수 있다. 특히 풀을 많이 먹는 소나 양 등이 반추동물로 알려져 있다. 캥거루 같은 ※유대류(有袋類)는 반추하는 동물이 아니다.

경우제목(鯨偶蹄目) 분류

※유대류 : 새끼를 주머니에 넣어 키우는 포유류

반추동물이란?
단단한 셀룰로스(식물의 세포벽을 만드는 물질의 하나) 등을 분해하기 위해 한 번 삼킨 식물을 입으로 되새김질해 다시 씹는 동물을 가리키는 말.

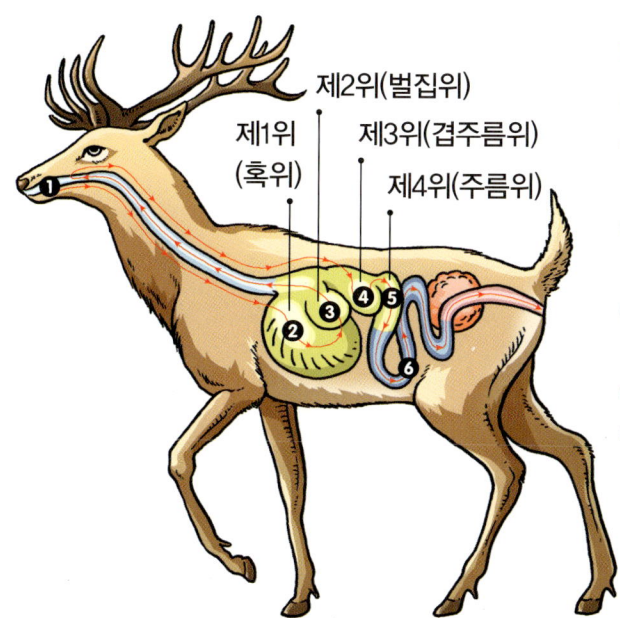

반추
❶ 먹은 식물을 입속에서 씹는다.
❷ 제1위 속에서 먹은 식물을 미생물이 분해해 발효가 시작된다.
❸ 먹은 식물은 제1위에서 제2위로 보내져 반쯤 소화된 후, 다시 입으로 되새김질한다.
❹ 다시 씹은 식물은 제3위로 보내진다. 여기서 더욱 농축되어 제4위로 보내진다.
❺ 제4위에서 소화를 위한 위액이 분비된다.
❻ 그 후, 소장으로 보내져 영양분이 흡수된다.

솟과

염소아과

솟과란 소아목 안에서 분류된 것이고, 그것이 다시 염소아과, 소아과 등으로 나뉜다. 염소아과에는 염소, 양, 샤무아 등의 중형 동물이 38종 있다. 바위가 많은 고지대에서의 생활에 잘 적응한다. 몸집은 다부지며 발놀림도 단단한 데다 기민하게 움직일 수 있다.

염소아과의 몸(양)

눈
양은 270~320도의 넓은 시야를 갖고 있다. 하지만 가까운 것은 잘 보지 못한다.

뿔
보통 수컷에게만 있지만 종에 따라서는 암컷에게도 있다.

털
양의 몸은 부드럽고 신축성이 좋은 털로 덮여 있다. 이 많은 털로 양은 추운 겨울을 따뜻하게 보낼 수 있다.

이빨
위아래에 12개씩 어금니가 있다. 위턱에는 앞니가 없지만 아래턱에는 8개 있다.

발굽
안정감 있는 2개의 발굽을 갖고 있다.

꼬리
아래를 향해 늘어져 있다.

뿔의 차이

염소의 뿔
- 속이 빈 뿔로 단백질인 케라틴으로 덮여 있다.
- 태어나서 죽을 때까지 있다.
- 2개 있으며 나뭇가지처럼 갈라지지 않는다.
- 뿔이 없는 종도 많다.

사슴의 뿔
- 뼈에서 만들어진다.
- 매년 다시 난다.
- 2개 있으며 나뭇가지처럼 갈라진다.

솟과

소아과
중~대형의 30종이 소아과에 속한다. 둘로 나뉜 발굽과 새로 나지 않는 뿔을 갖고 있다. 현재 서식하는 종 중에서 가장 큰 것은 가우르라는 종이다(별명 인도들소).

소아과의 몸(소)

귀
뛰어난 청력을 갖고 있지만 소리의 출처를 구분하는 능력은 거의 없다.

뿔
나뭇가지처럼 갈라지지 않는다.

눈
빨간색을 식별하지 못하지만 시야는 330도로 넓다. 입체적으로 사물을 파악하지 못한다.

이빨
위아래 모두 12개의 어금니가 있으며 아래턱에 8개의 앞니를 갖고 있다.

다양한 뿔

네뿔영양
4개의 뿔이 특징이다.

아프리카물소
소류 중에서도 뿔이 가장 굵다.

늪영양
구불구불하게 자란다.

솟과

빨간 천을 보면 소가 흥분한다는 게 정말일까?
빨간색보다 펄럭펄럭 움직이는 천 때문에 흥분하는 것이 아닐까 예상된다. 또한 투우의 경우 상처를 입고 화가 나 돌진하는 것이다.

수컷 염소는 냄새가 지독해?!
꼬리가 달린 부분에 체취를 풍기는 냄새샘이 있으며 자신의 오줌을 몸에 묻히다 보니 수컷 염소는 강한 냄새를 풍긴다. 특히 번식기가 되면 암컷의 관심을 끌기 위해 냄새가 더욱 강해진다.

소나 염소는 풀만 먹을까?
소나 염소 같은 반추동물은 초식 동물로 알려져 있다. 하지만 인간의 식용으로 사육되는 경우, 보리나 좁쌀, 옥수수 등의 곡물도 먹는다.

2장
두 개의 팀

광견병이 많이 퍼졌습니다.

내게 말도 없이 멋대로 진행시켜 놓고선….

동물 백과사전

보전 상황

절멸 | 야생 절멸 | 심각한 위기 | 멸종 위기 | 취약 | **위기 근접** | 관심 필요

학명 : *Pantholops hodgsonii*
몸길이(어깨까지의 높이) : 0.7~1.0m
몸무게 : 26~39kg
주요 먹잇감 : 풀, 사초
분포 : 티베트 고원
서식지 : 표고 3700~5500m의 높은 산이나 초원 지대

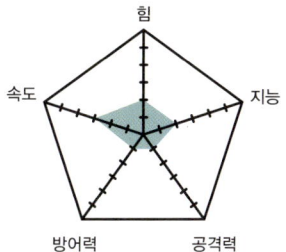

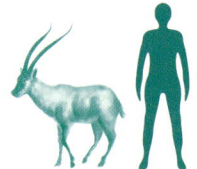

치루

티베트 고원에서만 서식하는 종으로 [티베트영양] 또는 [티베트앤틸롭]이라고도 불린다. 봄부터 겨울에 걸쳐 풀을 찾아 장소를 이동한다. 매년 여름(6~7월)이 되면 암컷은 모두 한곳에 모여 새끼를 한 마리 낳는다. 그 후, 가을이 끝날 무렵 수컷과 합류해 함께 겨울을 난다. 새끼는 조숙해서 태어나자마자 15분 후면 어미의 도움 없이 스스로 일어설 수 있다. 치루의 털은 샤투슈라는 고급 모직물의 재료가 되는데 그 바람에 밀렵꾼(법을 어기고 몰래 새나 동물을 잡는 사람)에 의해 개체수가 줄었던 시기가 있다.

◀ 치루의 털로 만든 샤투슈를 사고파는 것은 워싱턴 조약으로 금지되어 있다. 미국, 중국, 일본 등 많은 나라에서 샤투슈 매매를 단속한 덕분에 치루 밀렵이 감소하면서 개체수가 증가하고 있다.

동물 백과사전

보전 상황

| 절멸 | 야생 절멸 | 심각한 위기 | 멸종 위기 | **취약** | 위기 근접 | 관심 필요 |

- 학명 : *Tetracerus quadricornis*
- 몸길이(어깨까지의 높이) : 0.5~0.7m
- 몸무게 : 17~22kg
- 주요 먹잇감 : 부드러운 잎, 열매, 꽃
- 분포 : 인도, 네팔
- 서식지 : 물가 근처 나무가 있는 구릉지

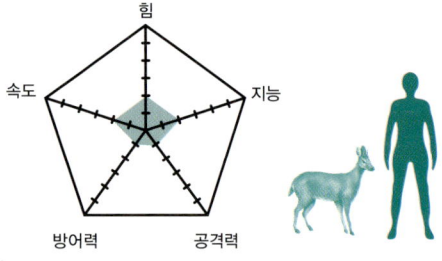

네뿔영양

아시아에 사는 솟과 동물 중에서는 가장 몸집이 작다. 수컷은 4개의 뿔을 갖고 있어 이런 이름이 붙었다. 10cm 정도의 뿔이 한 쌍, 5cm 정도의 짧은 뿔이 또 한 쌍 있다. 번식기가 되면 수컷은 자신의 영역을 지키기 위해 공격적으로 변한다. 위험이 다가오면 낮은 경계음을 내 암컷에게 알린다.

보전 상황

| 절멸 | 야생 절멸 | 심각한 위기 | 멸종 위기 | 취약 | 위기 근접 | **관심 필요** |

일런드

- 학명 : *Taurotragus oryx*
- 몸길이(어깨까지의 높이) : 1.2~1.7m
- 몸무게 : 300~1000kg
- 주요 먹잇감 : 풀, 잎, 새싹, 열매
- 분포 : 아프리카 중앙~남부
- 서식지 : 초원, 반사막 지대, 저목 지대, 산악 지대

자이언트일런드보다 약간 몸집이 작지만 영양(솟과 중 소아과와 염소아과를 제외한 동물) 중에서는 세계에서 2번째로 크다. 우기 때는 30~80마리가 무리지어 초원을 이동하고 건기가 되면 저목림이 있는 곳에서 산다. 수컷, 암컷 모두 뿔이 있는데 수컷의 뿔이 더 크다.

3장
기지 잠입!

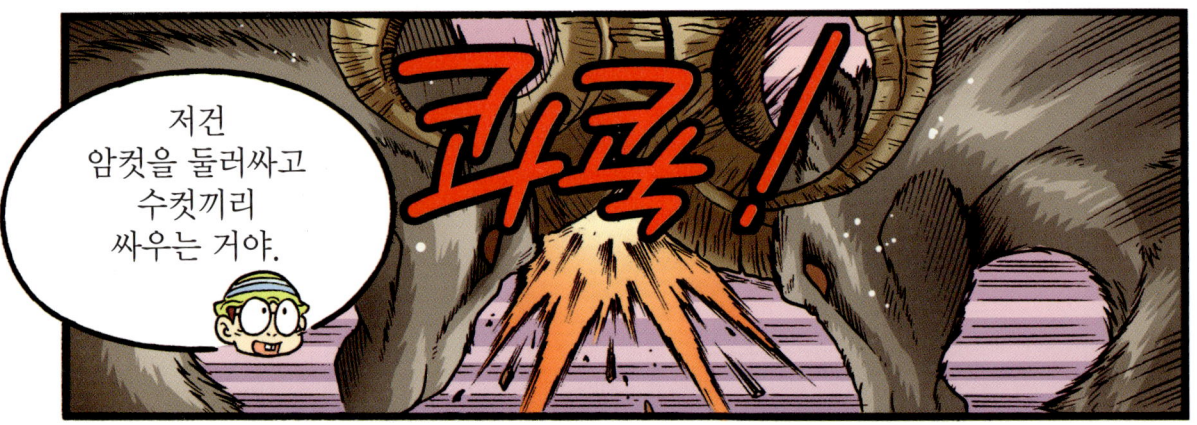

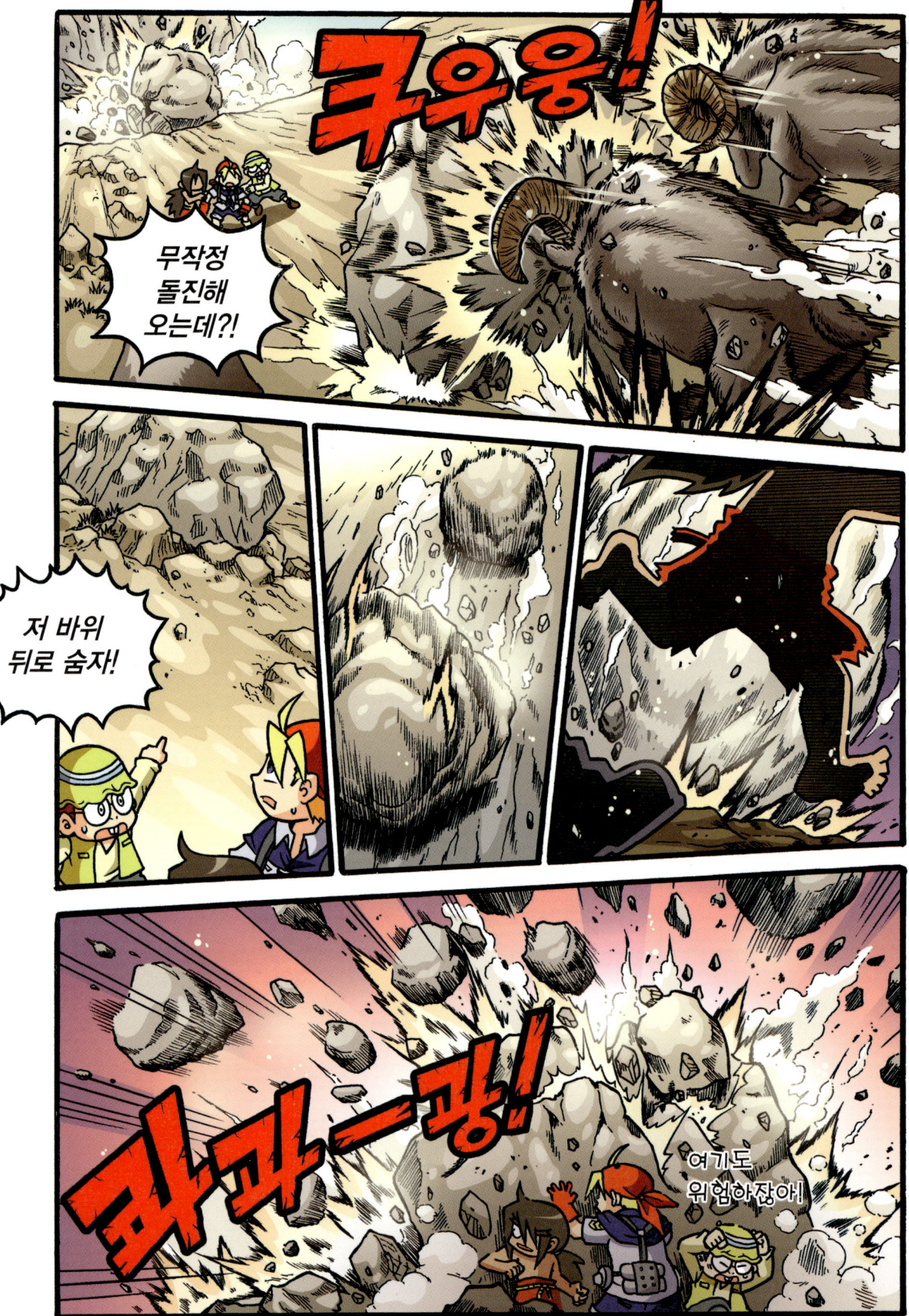

누구냐.

피자 배달이요!

제이크,

뭐였어?

내 얼굴이….

양이… 걷어찬 거냐? 이렇게 귀엽고 얌전한데?

동물 백과사전

큰쿠두

보전 상황

| 절멸 | 야생 절멸 | 심각한 위기 | 멸종 위기 | 취약 | 위기 근접 | **관심 필요** |

- 학명 : *Tragelaphus strepsiceros*
- 몸길이(어깨까지의 높이) : 1.0~1.6m
- 몸무게 : 120~315kg
- 주요 먹잇감 : 잎, 풀, 새싹
- 분포 : 아프리카 동부, 아프리카 남부
- 서식지 : 물과 저목이 있는 초원, 바위 지대

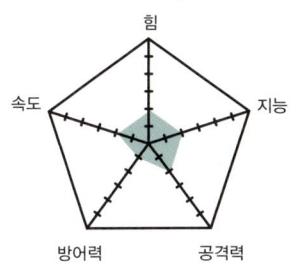
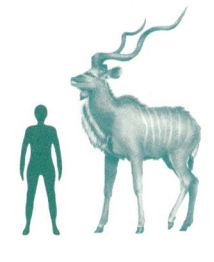

잿빛이나 짙은 갈색 몸 옆면에 희끄무레한 세로 줄무늬가 선명한 것이 특징. 수컷의 뿔은 구불구불한데 곧게 펴면 평균 120cm쯤 된다. 하루의 반은 풀을 먹으며 보낸다.

타킨

보전 상황

| 절멸 | 야생 절멸 | 심각한 위기 | 멸종 위기 | **취약** | 위기 근접 | 관심 필요 |

- 학명 : *Budorcas taxicolor*
- 몸길이(어깨까지의 높이) : 1.0~1.4m
- 몸무게 : 250~350kg
- 주요 먹잇감 : 잎, 풀, 죽순, 꽃망울
- 분포 : 히말라야 남동부
- 서식지 : 계곡 사이 삼림, 표고 1000~4000m의 바위가 많은 높은 산

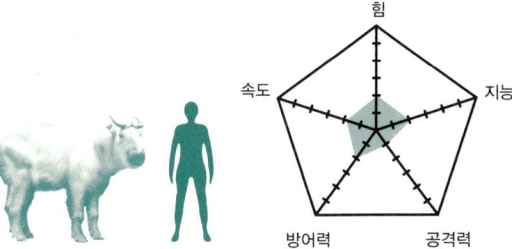

부탄의 국수(나라를 상징하는 동물)로 지정되었다. 수컷과 암컷 모두 뒤로 뻗은 뿔을 갖고 있으며 몸의 털 색깔은 검정이나 갈색, 드물게 금색인 것도 있다. 그리스 신화에 이아손이 황금 양털을 손에 넣었다는 이야기가 있는데 이것은 광택이 흐르는 금색 타킨의 털에서 유래한 것으로 보인다.

동물 백과사전

마코르염소

보전 상황

| 절멸 | 야생 절멸 | 심각한 위기 | 멸종 위기 | 취약 | **위기 근접** | 관심 필요 |

- 학명 : *Capra falconeri*
- 몸길이(어깨까지의 높이) : 0.7~1.2m
- 몸무게 : 32~110kg
- 주요 먹잇감 : 풀, 잎, 뿌리, 이끼
- 분포 : 남아시아 북부
- 서식지 : 산악 지대의 바위가 많은 곳이나 삼림

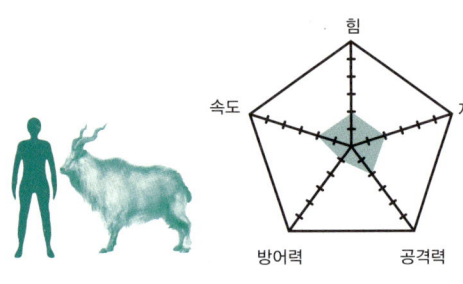

몸집이 큰 염소의 일종으로 파키스탄의 국수. 멋진 뿔이 약이 된다는 믿음으로 인해 밀렵꾼의 표적이 돼 수가 줄고 있다.

흰바위염소

보전 상황

| 절멸 | 야생 절멸 | 심각한 위기 | 멸종 위기 | 취약 | 위기 근접 | **관심 필요** |

- 학명 : *Oreamnos americanus*
- 몸길이(어깨까지의 높이) : 최대 1.2m
- 몸무게 : 45~140kg
- 주요 먹잇감 : 풀, 잎, 이끼, 저목의 나뭇가지
- 분포 : 북아메리카 북서부
- 서식지 : 산악 지대

[흰영양]이나 [바위염소]라 불리는 경우도 있다. 다리가 튼튼해서 표고 4000m가 넘는 곳에서도 가뿐하게 살 수 있다. 두꺼운 털 덕분에 매우 추운 기후에도 견딜 수 있다. 둘로 갈라진 발굽을 벌려 바위를 잡고 몸을 지탱할 수 있기 때문에 능숙하게 산을 오른다.

4장
루이스 아빠의 배신

엄청나게 넓은데! 숙주는 어디 있지?!

저는 지금까지 아들을 위해 열심히 일했지만 정작 아들은 집을 나가고 말았어요….

지금도 기억합니다, 아들이 태어난 그날을….

진정한 행복의 의미를 알게 된 그 순간을….

동물 백과사전

보전 상황

| 절멸 | 야생 절멸 | 심각한 위기 | 멸종 위기 | 취약 | 위기 근접 | **관심 필요** |

- **학명** : *Connochaetes taurinus*
- **몸길이(어깨까지의 높이)** : 1.2~1.5m
- **몸무게** : 118~225kg
- **주요 먹잇감** : 풀, 저목의 나뭇잎
- **분포** : 아프리카 남부, 아프리카 남동부
- **서식지** : 저목 지대, *사바나

※ 적도 부근 지방에 펼쳐진 초원. 열대 초원이라고도 불린다.

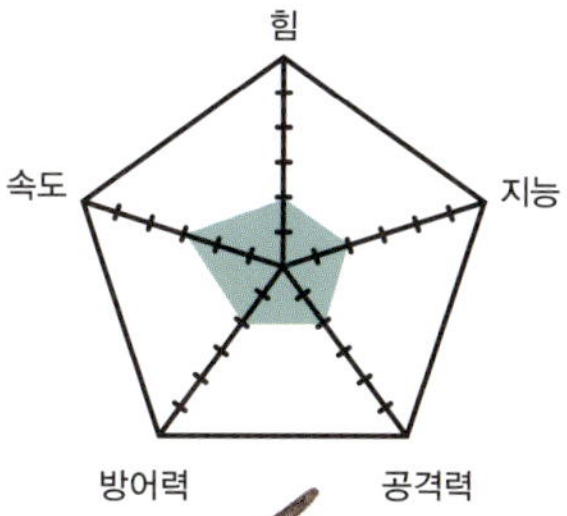

검은꼬리누

[소영양]이라 불리는 경우도 있다. 어깨와 등에는 검은 줄무늬가 있으며 2개의 뿔이 있다. 몸집이 큰 것 치고는 달리는 속도가 놀라울 만큼 빨라 시속 65~80km를 낼 수 있다. 몇천 마리가 무리지어 다니며 건기가 되면 신선한 풀과 적당한 수분이 있는 땅을 찾아 장거리를 이동한다.

같은 누 종류로 검은 몸에 흰 꼬리가 달린 ▶ 흰꼬리누라는 종도 있다.

동물 백과사전

보전 상황
| 절멸 | 야생 절멸 | 심각한 위기 | 멸종 위기 | 취약 | **위기 근접** | 관심 필요 |

- **학명** : *Litocranius walleri*
- **몸길이(어깨까지의 높이)** : 0.8~1.0m
- **몸무게** : 30~45kg
- **주요 먹잇감** : 부드러운 잎, 새싹, 꽃, 열매
- **분포** : 아프리카 동부
- **서식지** : 저목이 많은 사바나, 사막

게레눅이란 소말리어로 [기린의 목]을 의미한다. 또한 [기린영양], [기린산양]으로도 불리는데 그 이름대로 기린처럼 늘씬한 모습의 초식 동물. 뒷발로 일어서며 목을 뻗어 높은 곳에 있는 잎을 먹는다. 필요한 수분의 대부분을 식물에서 섭취하기 때문에 물을 마시는 일은 거의 없다.

게레눅

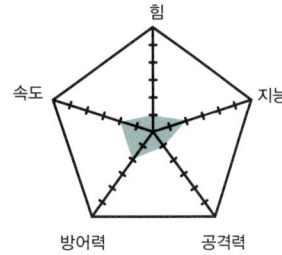

번식기가 되면 수컷이 암컷의 관심을 끌기 위해 이마의 냄새샘에서 달콤한 냄새를 강하게 풍기는 것으로 알려져 있다. 두껍고 긴 털이 발굽 근처까지 덮여 있다. 이 털 덕분에 지독한 추위도 견딜 수 있다.

보전 상황
| 절멸 | 야생 절멸 | 심각한 위기 | 멸종 위기 | 취약 | 위기 근접 | **관심 필요** |

- **학명** : *Ovibos moschatus*
- **몸길이(어깨까지의 높이)** : 1.2~1.5m
- **몸무게** : 200~410kg
- **주요 먹잇감** : 이끼, 나무의 싹이나 가지
- **분포** : 북극권
- **서식지** : *툰드라 지대

※ 강수량이 적고 지하에 영구동토가 펼쳐진 추운 지역.

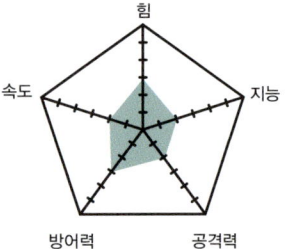

사향소

5장
컨트롤 불능

그나저나 들소가 엄청나게 많군.

이걸 이용할 수 있을지도….

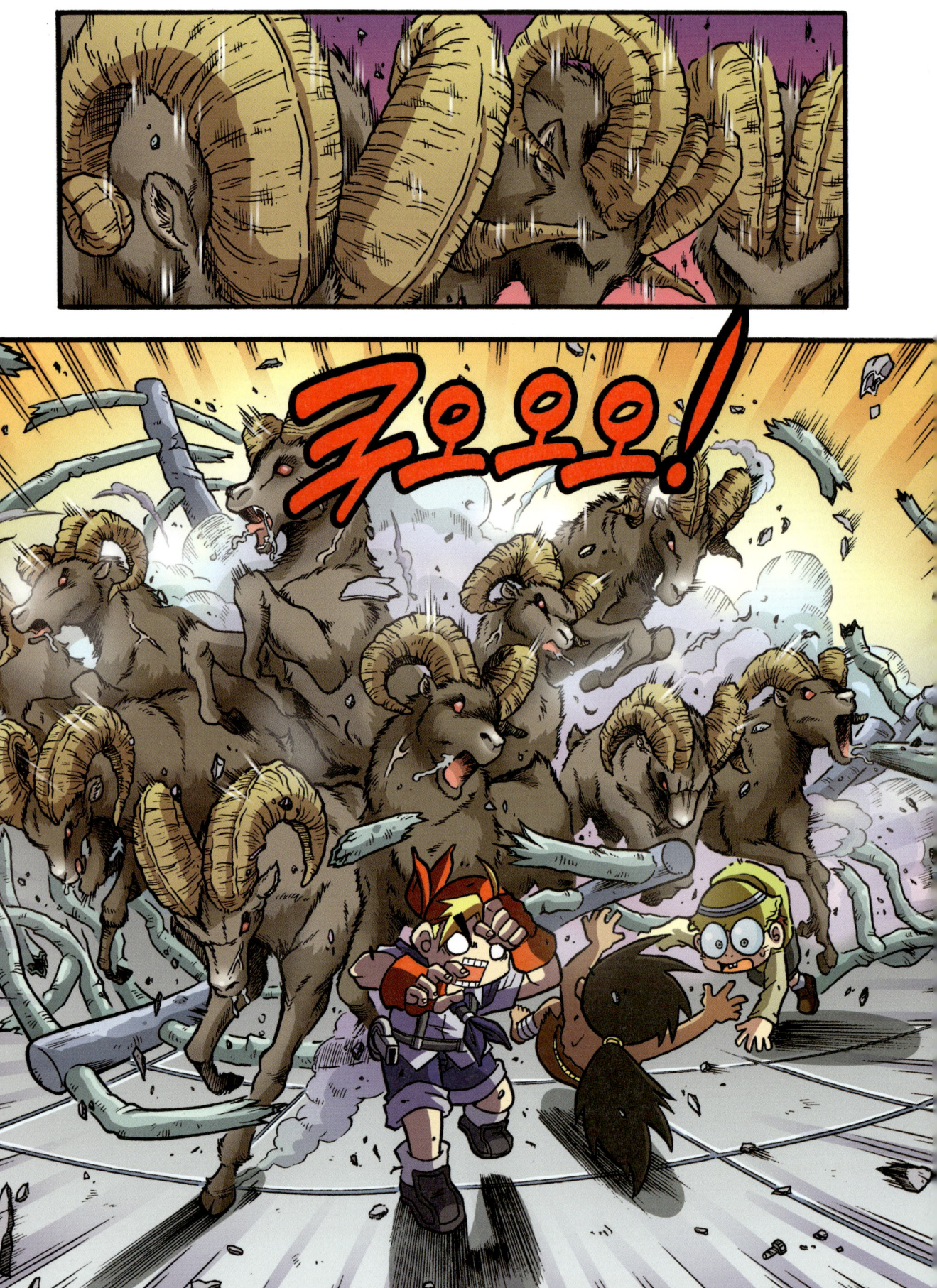

동물 백과사전

꽃사슴

보전 상황: 절멸 | 야생 절멸 | 심각한 위기 | 멸종 위기 | 취약 | 위기 근접 | **관심 필요**

- 학명 : *Cervus nippon*
- 몸길이(어깨까지의 높이) : 0.5~1.1m
- 몸무게 : 30~70kg
- 주요 먹잇감 : 저목의 새싹, 잎, 나뭇가지
- 분포 : 동아시아
- 서식지 : 온대나 아열대 삼림

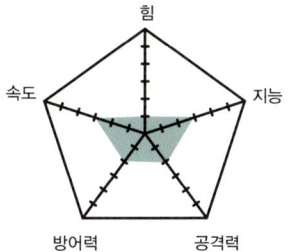
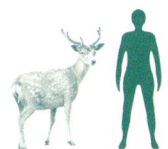

일본사슴으로도 불리며 여름털은 등에 하얀 반점 무늬가 있는 것이 특징이다. 수컷의 갈라진 뿔은 태어나서 1년쯤 후에 나기 시작하는데 길이는 28~80cm 정도이다. 주로 낮에 활동하지만 인간이 사는 지역 가까이 살 경우 야행성이 될 때도 있다. 꽃사슴의 뿔이 약으로 쓰여 사육되는 경우도 있다.

톰슨가젤

보전 상황: 절멸 | 야생 절멸 | 심각한 위기 | 멸종 위기 | 취약 | 위기 근접 | **관심 필요**

- 학명 : *Eudorcas thomsonii*
- 몸길이(어깨까지의 높이) : 0.6~0.8m
- 몸무게 : 15~35kg
- 주요 먹잇감 : 잎, 풀, 새싹
- 분포 : 아프리카 동부
- 서식지 : 사바나, 저목 지대

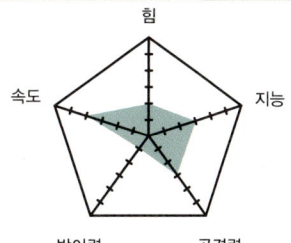

탐험가 조세프 톰슨에서 유래해 이름이 붙었으며 털 색깔이 아름다운 것으로 알려져 있다. 몸집이 작으며 육식동물의 공격을 받아도 시속 80~96km의 속력으로 재빨리 도망칠 수 있다. 암컷, 수컷 모두 줄무늬가 있는 한 쌍의 뿔을 갖고 있다.

동물 백과사전

순록

보전 상황: 절멸 | 야생 절멸 | 심각한 위기 | 멸종 위기 | **취약** | 위기 근접 | 관심 필요

- 학명 : *Rangifer tarandus*
- 몸길이(어깨까지의 높이) : 0.9~1.6m
- 몸무게 : 60~300kg
- 주요 먹잇감 : 풀, 나뭇잎, 순록이끼
- 분포 : 북극권
- 서식지 : 툰드라 지대, *타이가

※ 러시아를 중심으로 펼쳐진 대삼림

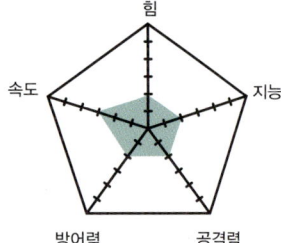
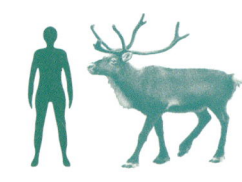

수컷과 암컷 둘 다 나뭇가지처럼 갈라진 뿔을 갖고 있다. 털은 밀도가 높은 층과 그것을 덮는 속이 빈 긴 털 층이 있어서 두껍고 따뜻하다. 북극에 가까운 지역에 사는 사미인은 옛날부터 순록을 이용해 짐을 날랐다. 산타클로스의 썰매를 끄는 동물로도 알려져 있다.

사불상

보전 상황: 절멸 | **야생 절멸** | 심각한 위기 | 멸종 위기 | 취약 | 위기 근접 | 관심 필요

- 학명 : *Elaphurus davidianus*
- 몸길이(어깨까지의 높이) : 약 1.2m
- 몸무게 : 135~200kg
- 주요 먹잇감 : 풀, 수생식물
- 분포 : 불명
- 서식지 : 불명

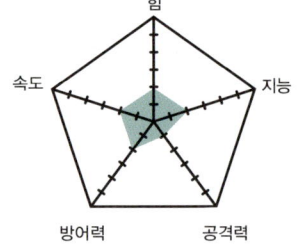

야생에서는 멸종해 버린 이 종은 프랑스의 선교사 아르망 다비드에 의해 중국에서 서양으로 소개되었다. 말의 머리, 사슴의 뿔, 소의 발굽, 당나귀의 꼬리를 가지고 있지만 그 무엇도 아니기에 [사불상]이라는 이름이 붙었다. 현재는 사육되는 것밖에 없다. 관리되고 있는 상황에서 조금씩 개체수를 회복하고 있다.

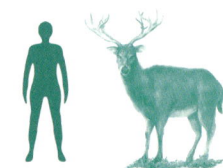

6장
진짜 목적

루이스가 걱정이야.

루이스라면 괜찮을 거야.

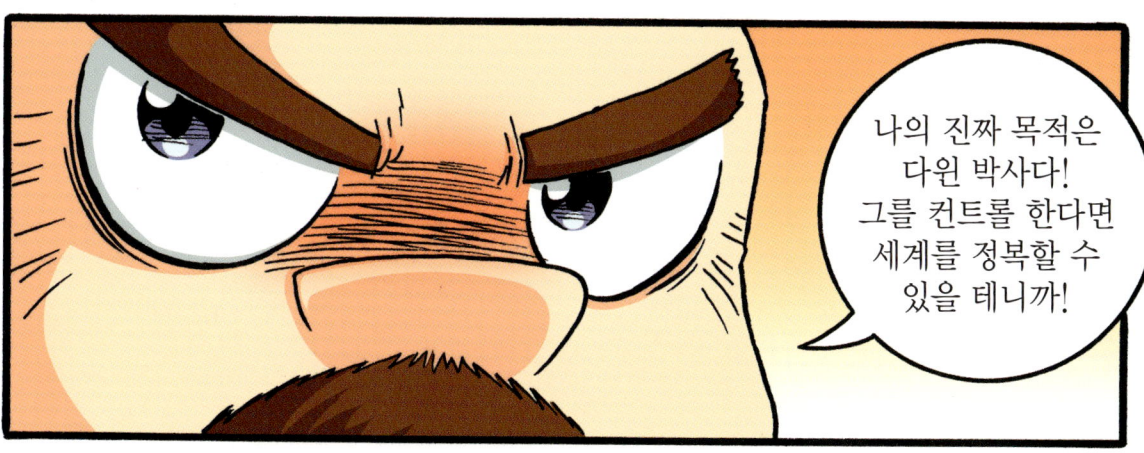

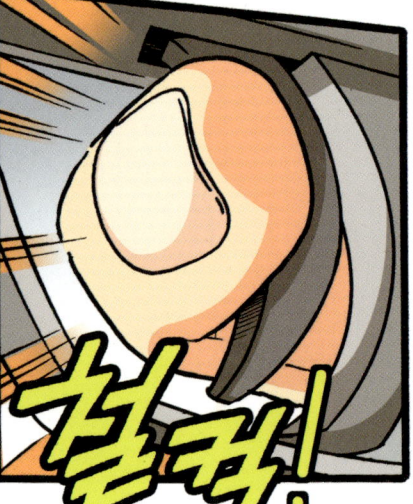

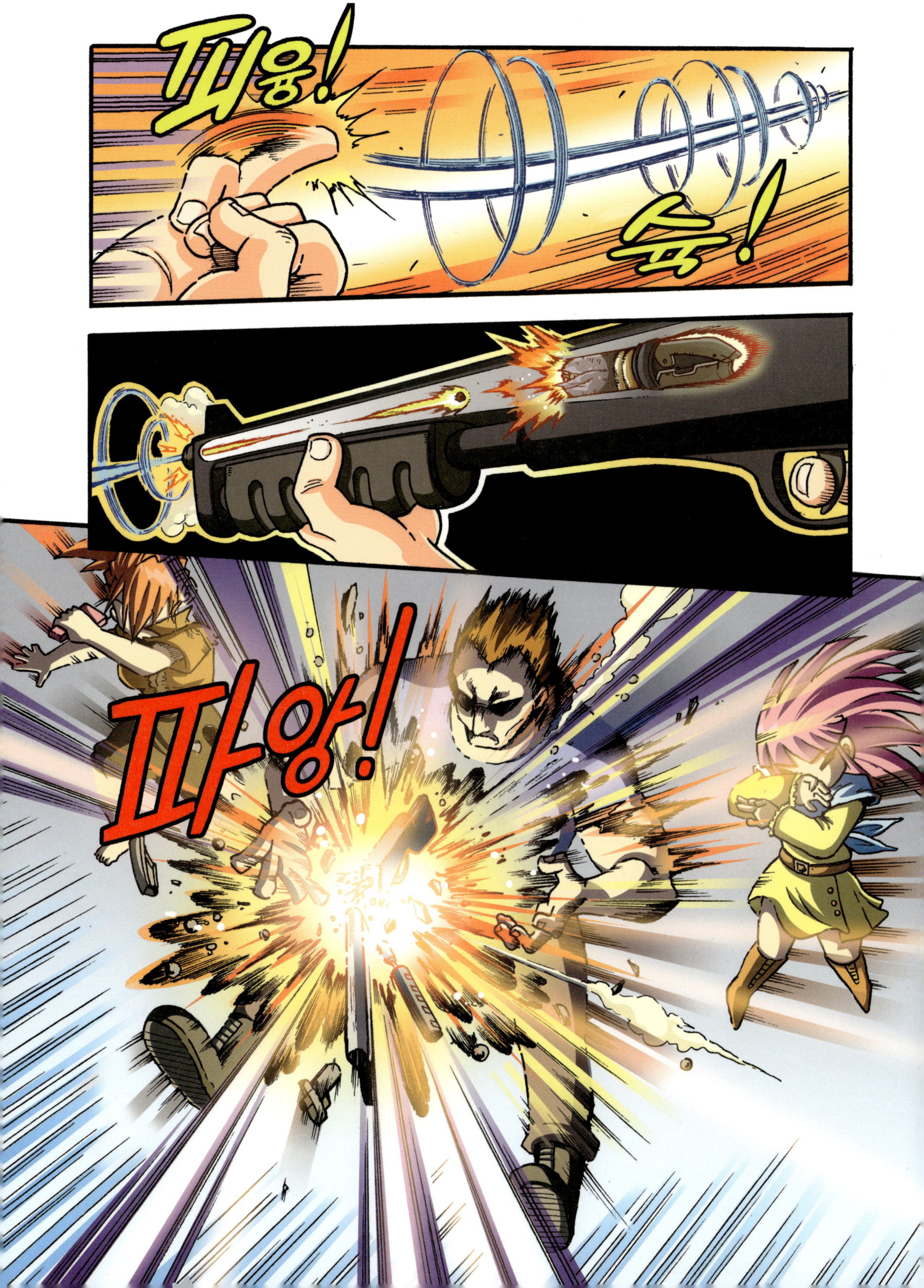

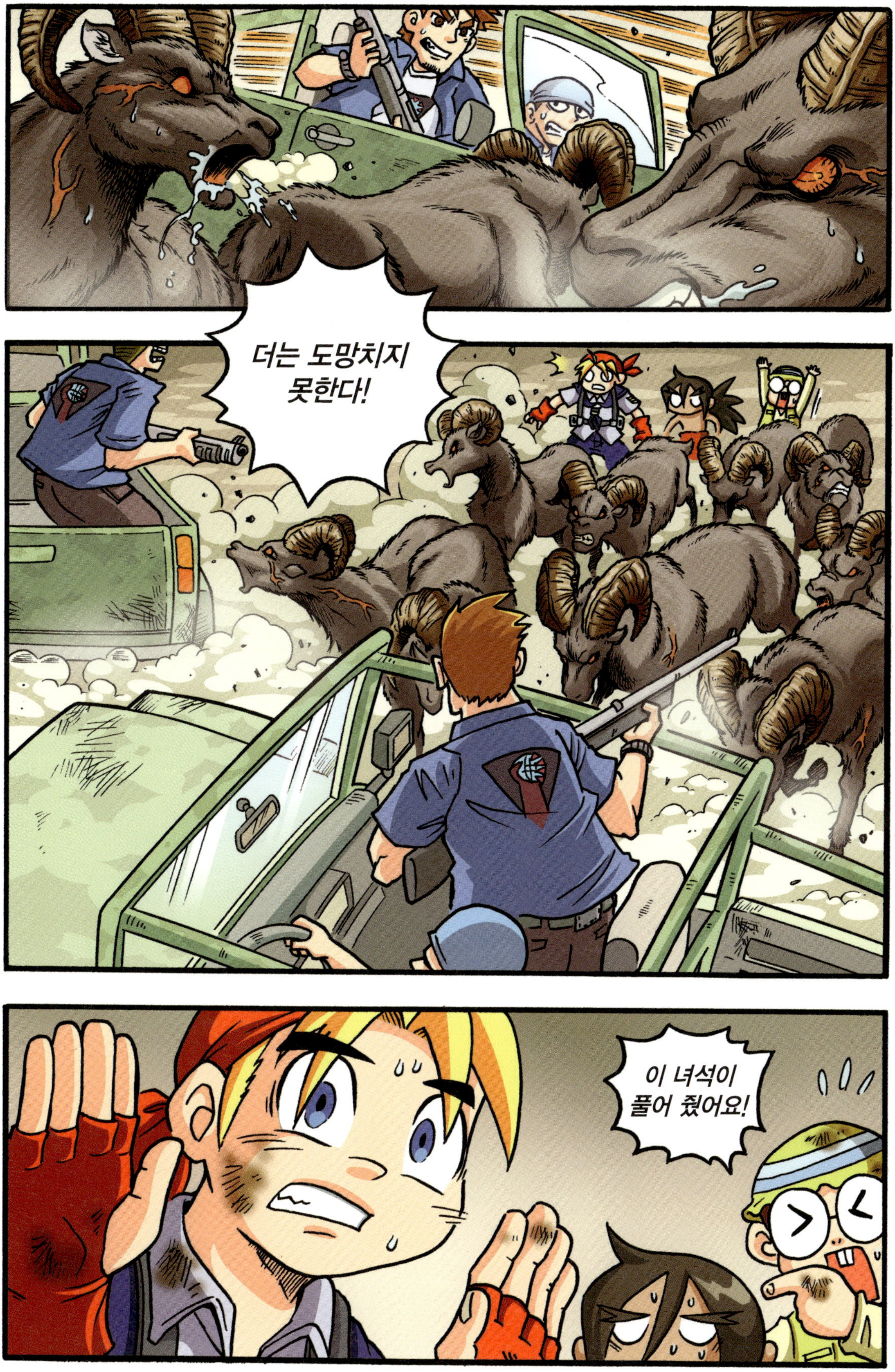

동물 백과사전

말코손바닥사슴

보전 상황: 절멸 야생절멸 심각한 위기 멸종 위기 취약 위기 근접 **관심 필요**

- 학명 : *Alces alces*
- 몸길이(어깨까지의 높이) : 1.4~2.4m
- 몸무게 : 350~800kg
- 주요 먹잇감 : 나무의 싹, 수초, 나무껍질, 열매
- 분포 : 북아메리카 북부, 유럽 북부, 아시아 북부
- 서식지 : 물가가 있는 삼림

[큰사슴]이라고도 불린다. 사슴과 중에서 가장 큰 종으로 성체가 되면 천적의 수가 줄어든다. 수컷만이 크게 갈라진 뿔을 갖고 있는데 이것은 매년 번식기가 끝나면 빠진다. 하지만 반년 후 다시 같은 크기로 성장한다.

난쟁이사향노루

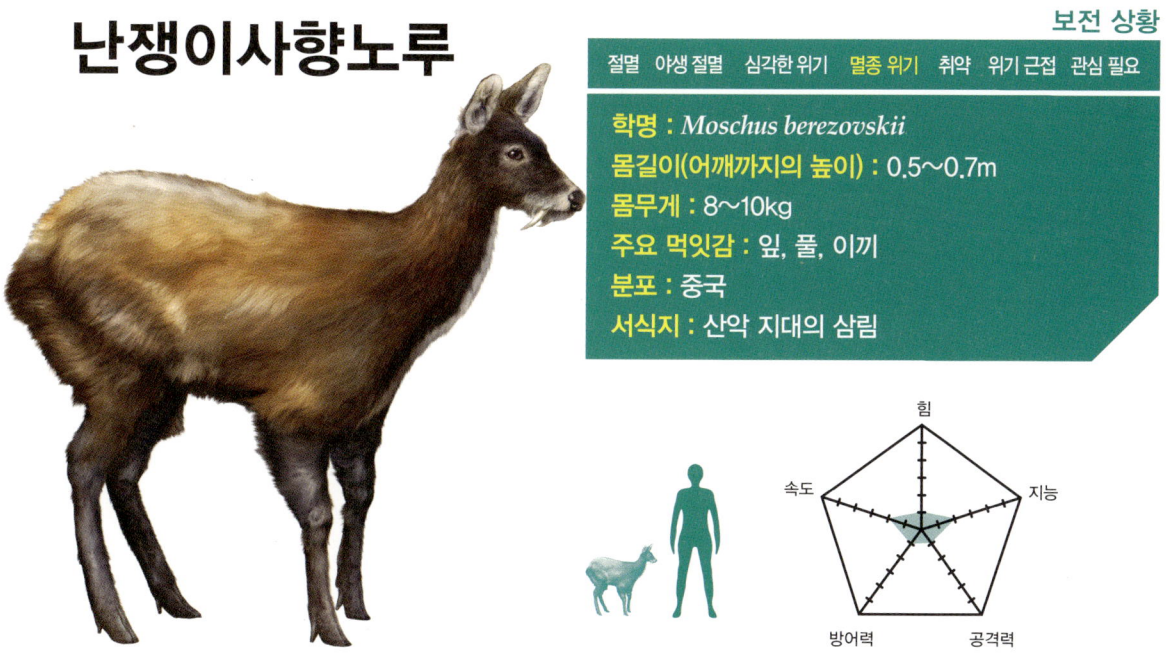

보전 상황: 절멸 야생절멸 심각한 위기 **멸종 위기** 취약 위기 근접 관심 필요

- 학명 : *Moschus berezovskii*
- 몸길이(어깨까지의 높이) : 0.5~0.7m
- 몸무게 : 8~10kg
- 주요 먹잇감 : 잎, 풀, 이끼
- 분포 : 중국
- 서식지 : 산악 지대의 삼림

이름에 [난쟁이]가 있듯 사향노루과에 속한 7종 중에서 가장 작다. 표고 1500~3000m의 삼림에만 서식한다. 수컷은 암컷의 관심을 끌기 위해 강한 냄새를 풍기는 사향 주머니를 갖고 있는데 여기서 분비된 물질이 머스크라는 향료로 알려져 있다.

동물 백과사전

보전 상황

| 절멸 | 야생 절멸 | 심각한 위기 | 멸종 위기 | 취약 | 위기 근접 | 관심 필요 |

학명 : *Tragulus kanchil*
몸길이(어깨까지의 높이) : 최대 0.3m
몸무게 : 1.0~2.3kg
주요 먹잇감 : 잎, 풀, 열매
분포 : 동남아시아
서식지 : 저지대 열대 우림

작은쥐사슴(작은 아기사슴)

작은사슴과에 속하며 발굽이 있는 동물 중에서는 세계에서 가장 작다. 겁이 많아 좀처럼 사람들 앞에 모습을 드러내지 않는다. 털은 갈색으로 삼림을 바쁘게 돌아다닐 때 몸을 숨기는 데 도움이 된다. 수컷, 암컷 모두 뿔은 없지만 수컷은 긴 송곳니가 2개 있다.

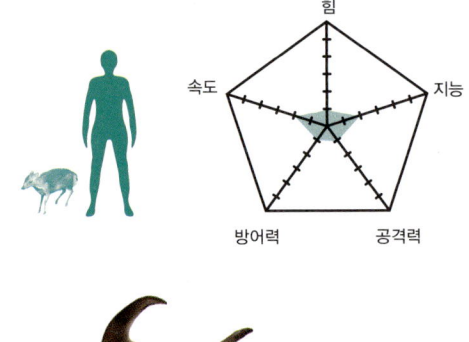

보전 상황

| 절멸 | 야생 절멸 | 심각한 위기 | 멸종 위기 | 취약 | 위기 근접 | 관심 필요 |

학명 : *Antilocapra americana*
몸길이(어깨까지의 높이) : 0.8~1.0m
몸무게 : 34~65kg
주요 먹잇감 : 저목, 풀, 선인장
분포 : 북아메리카 중부, 북아메리카 서부
서식지 : 초원, 저목 지대, 사막

가지뿔영양

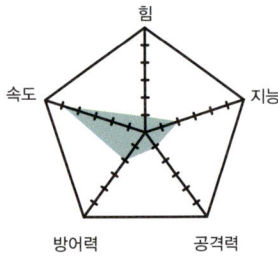

아프리카에 서식하는 치타 다음으로 빨리 달릴 수 있다. 치타는 잠깐 동안만 속도를 유지하지만 가지뿔영양은 8km나 되는 긴 거리를 빠른 속도를 유지하며 달리는 것으로 알려져 있다.

7장
박치기 대승부

너희도 따라와!

두두두…
두두두…

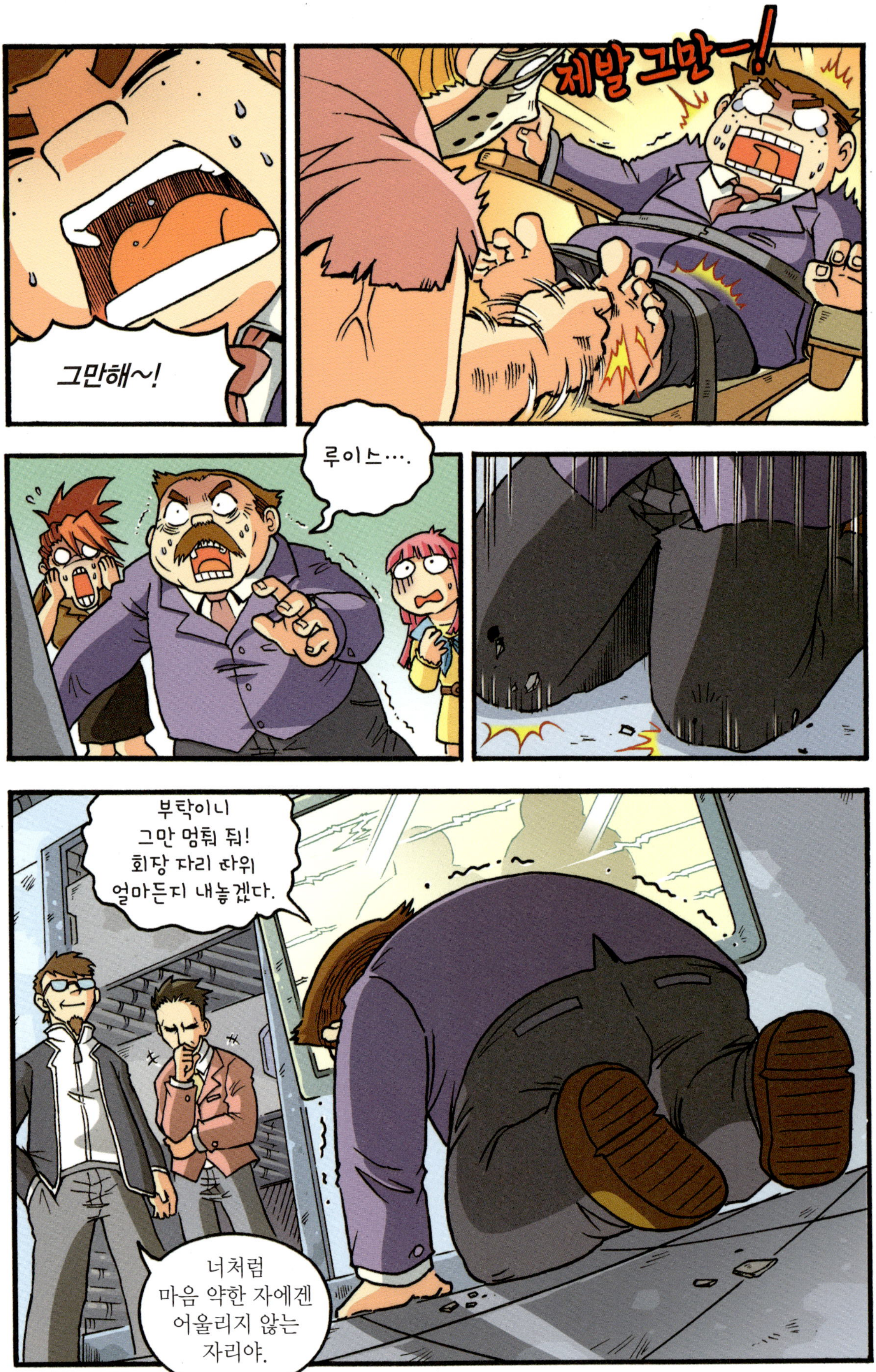

동물 백과사전

보전 상황

| 절멸 | 야생 절멸 | 심각한 위기 | 멸종 위기 | **취약** | 위기 근접 | 관심 필요 |

학명 : *Bos mutus*
몸길이(어깨까지의 높이) : 1.6~2.2m
몸무게 : 225~800kg
주요 먹잇감 : 풀, 비름과의 저목, 이끼
분포 : 티베트 고원
서식지 : 표고 4000~6000m의 산악 지대

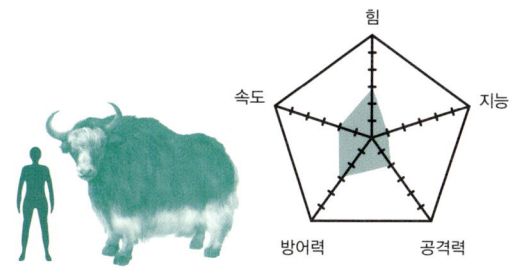

야크

몸집이 크고 긴 털을 가진 솟과 종으로 히말라야산맥에서 서식한다. 듬직한 몸을 가진 초식 동물. 긴 털과 균형을 잡기 쉬운 다리 덕분에 혹독한 환경에서도 살 수 있다. 평소엔 얌전하지만 자신의 새끼가 위험에 처했다 느끼면 공격적으로 변한다.

보전 상황

| 절멸 | 야생 절멸 | 심각한 위기 | 멸종 위기 | **취약** | 위기 근접 | 관심 필요 |

학명 : *Oryx leucoryx*
몸길이(어깨까지의 높이) : 0.8~1.0m
몸무게 : 70~90kg
주요 먹잇감 : 풀, 나무의 싹, 열매, 뿌리
분포 : 아라비아 반도 남동부
서식지 : 건조한 평야, 반사막 지대

아라비아영양
(아라비아 오릭스)

수컷, 암컷 모두 곧고 가늘면서 긴 뿔을 갖고 있다. 이 뿔은 최고 길이 75cm까지 자란다. 옆에서 보면 뿔이 겹쳐 하나로 보이기 때문에 전설의 유니콘의 모델로 예상된다.

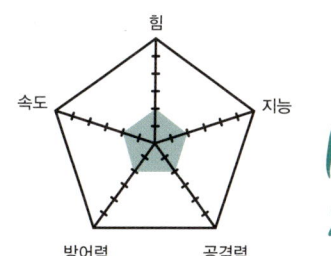
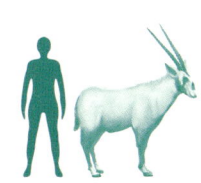

동물 백과사전

민도로물소

필리핀 민도로섬에 서식해서 이런 이름이 붙었다. 필리핀 특유의 솟과는 이 종뿐. 성격은 거친 것으로 알려져 있다. 뿔이 V자 모양으로 난다.

보전 상황: 절멸 / 야생 절멸 / **심각한 위기** / 멸종 위기 / 취약 / 위기 근접 / 관심 필요

- 학명 : *Bubalus mindorensis*
- 몸길이(어깨까지의 높이) : 약 1.1m
- 몸무게 : 180~300kg
- 주요 먹잇감 : 풀, 어린 죽순
- 분포 : 필리핀의 민도로 섬
- 서식지 : 강가의 삼림, 대나무 숲, 습지

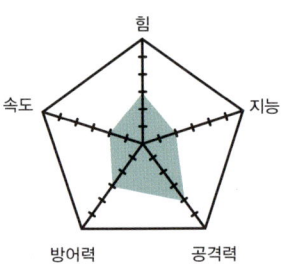

하테비스트

보전 상황: 절멸 / 야생 절멸 / 심각한 위기 / 멸종 위기 / 취약 / 위기 근접 / **관심 필요**

- 학명 : *Alcelaphus buselaphus*
- 몸길이(어깨까지의 높이) : 1.2~1.5m
- 몸무게 : 116~180kg
- 주요 먹잇감 : 풀
- 분포 : 아프리카 동부, 아프리카 서부, 아프리카 남부
- 서식지 : 초원, 숲

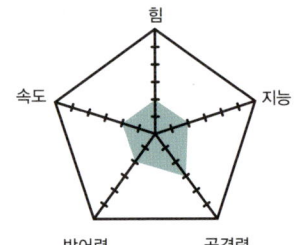

[사슴영양]이나 [사슴산양]이라 불리기도 한다. 4~30마리로 무리지어 사는데 300마리의 큰 무리가 목격될 때도 있다. 하테비스트 고기를 노려 자주 사냥의 대상이 되곤 한다.

8장
모든 것이 끝난 후에

우왔!
박사님의 연속 펀치다!

부와앙!

악당들이 날아간다!

모든 것이 끝난 후에

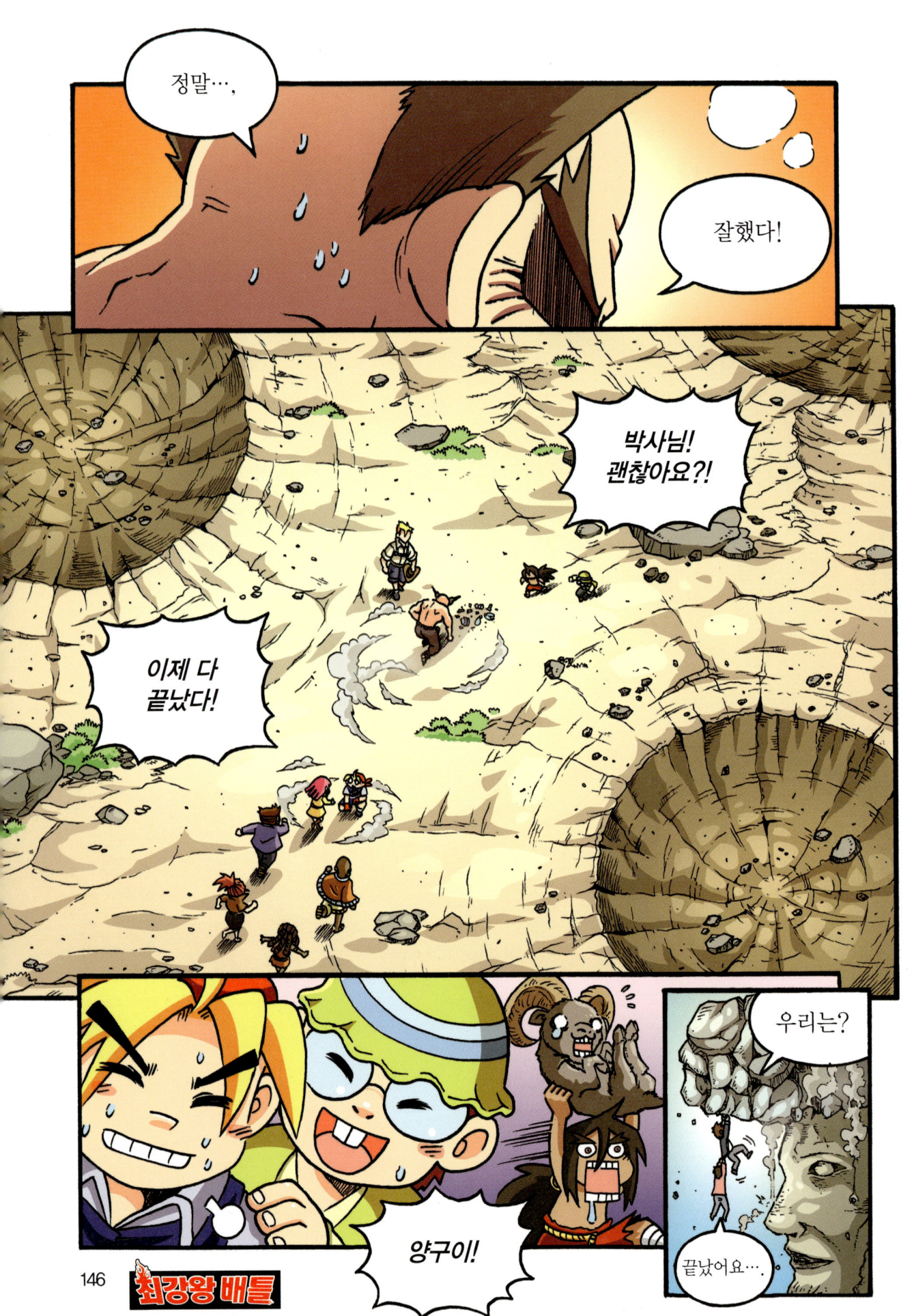

진정하세요!

하지만 걱정할 것은 아무것도 없다. 왜냐하면 그들은…,

자, 김~치!

X벤처 조사대니까!

제1부 〈끝〉

동물 백과사전

보전 상황

| 절멸 | 야생 절멸 | 심각한 위기 | 멸종 위기 | 취약 | 위기 근접 | 관심 필요 |

- **학명** : *Ovis canadensis*
- **몸길이(어깨까지의 높이)** : 0.8~1.0m
- **몸무게** : 50~140kg
- **주요 먹잇감** : 풀 등의 식물
- **분포** : 북아메리카
- **서식지** : 산악 지대, 높은 산의 초원, 산기슭, 사막

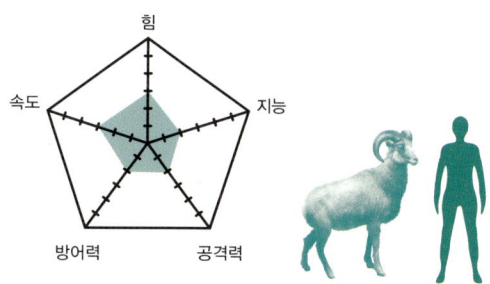

별명 [빅혼]으로도 알려져 있다. 수컷, 암컷 모두 뿔이 있는데 크게 구부러진 수컷의 뿔은 길이 80~123cm, 무게 14kg까지 성장한다. 강인해 보이는 이 뿔은 암컷을 둘러싼 수컷끼리의 격렬한 싸움에 활용된다. 이 뿔을 이용한 싸움은 결판이 날 때까지 길게는 1시간이나 걸릴 때도 있다. 무기 같은 뿔을 갖고 있긴 하지만 퓨마 등 포식자의 표적이 되곤 한다. 하지만 뛰어난 시력과 험한 지형에서도 살아갈 힘을 갖고 있어 무사히 도망치는 경우도 많다.

큰뿔양
(큰뿔야생양)

손쉽게 산을 오를 수 있는 발굽
산에 사는 양이나 염소는 발굽이 갈라져 있어 지면을 단단히 짚고 균형을 잡을 수 있다.

동물 백과사전

보전 상황

절멸 야생 절멸 심각한 위기 멸종 위기 취약 위기 근접 관심 필요

- 학명 : *Bison bison*
- 몸길이(어깨까지의 높이) : 1.5~1.9m
- 몸무게 : 500~1400kg
- 주요 먹잇감 : 풀, 나뭇잎, 이끼
- 분포 : 북아메리카
- 서식지 : 초원, 저목 지대, 산지

아메리카들소

[아메리카바이슨], [아메리카버팔로] 등으로도 불리는 대형 초식 동물. 몸집이 작은 편인 평원들소와 몸이 단단한 숲들소가 있다. 숲들소는 전 세계 솟과 중에서도 아시아물소나 가우르의 뒤를 잇는 크기로 어른이 되면 천적이 거의 없다. 순위를 다투는 수컷끼리의 싸움에서 뿔이 쓰이는 경우는 없다. 대신 서로 튼튼한 이마를 부딪치며 육탄전을 벌인다. 이처럼 힘과 거대한 몸집을 갖고 있으면서도 달리면 시속 56~64km로 빠르고, 180cm나 되는 높이를 뛰어오를 수 있다니 놀랍다!

평원들소 vs 숲들소

평원들소		숲들소
두꺼운 털로 덮여 있어 잘 보이지 않는다.	❶ 뿔	분명하게 보인다.
둥글다.	❷ 등의 혹	크게 솟아 있다.
경계가 확실하다.	❸ 어깨와 몸의 경계	경계가 확실하지 않다.
넓게 퍼져 있다.	❹ 수염	모양은 좁고 길며 수염은 짧은 편

150

거대한 뿔로 불꽃 튀는 결전

복습퀴즈

01 다음 사슴 중에서 짐을 나르는 데 쓰이는 것은?

A. 사불상   B. 순록   C. 꽃사슴

02 염소아과에 대한 설명으로 바른 것은 다음 중 무엇일까?

A. 위아래 턱에 앞니가 있다.
B. 모든 종이 수컷만 뿔을 갖고 있다.
C. 주위를 320도 둘러볼 수 있지만 가까운 것은 잘 보이지 않는다.

03 치루가 밀렵꾼의 표적이 되는 이유는?

A. 고기의 영양가가 높아서
B. 뿔이 귀한 약의 원료가 되기 때문
C. 털이 고급 모직물에 쓰이기 때문

04 큰뿔양이 산을 잘 오르는 것은 몸의 어떤 부분 덕분일까?

A. 발굽   B. 무릎   C. 꼬리

05 표고 2000m 이상에서 살지 않는 동물은 다음 중 무엇일까?

A. 흰바위염소   B. 타킨   C. 검은꼬리누

06 솟과에 대한 설명으로 틀린 것은 다음 중 무엇일까?

A. 종에 따라서는 수컷, 암컷 모두 뿔을 갖고 있다.
B. 빨간색을 확실히 구별할 수 있다.
C. 속이 비고 나뭇가지 모양으로 갈라지지 않은 뿔을 갖고 있다.

07 게레눅이 물을 거의 마시지 않는 이유는 무엇일까?

A. 먹이에서 충분한 수분을 얻을 수 있기 때문에
B. 땀구멍이 수분을 잃지 않도록 되어 있기 때문에
C. 신진대사가 낮아 수분을 거의 필요로 하지 않기 때문에

08 치타와 장거리 경주를 할 경우 이기는 것은 다음 중 무엇일까?

A. 하테비스트   B. 가지뿔영양   C. 톰슨가젤

09 작은쥐사슴과 말코손바닥사슴에 대한 설명 중 틀린 것은 무엇일까?

A. 작은쥐사슴 수컷은 긴 송곳니가 있고, 말코손바닥사슴 수컷은 거대한 뿔이 있다.
B. 작은쥐사슴은 발굽을 가진 동물 중에서 가장 작고, 말코손바닥사슴은 사슴과 중에서 가장 큰 동물이다.
C. 둘 다 사슴으로 같은 과에 속해 있다.

10 아메리카들소가 수컷끼리 싸울 때 이용하는 것은 몸의 어떤 부분일까?

A. 이마   B. 뿔   C. 어깨

정답

점수를 확인해 봐야지?

01=B 02=C 03=C 04=A 05=C
06=B 07=A 08=B 09=C 10=A

10점 만점
타고난 천재는 아니지만
독서를 많이 했거든!

8~9점
수의사가 되고 싶은 꿈을 이루기 위해
더 열심히 공부해야지!

6~7점
자연 속에서 실제로 동물을
관찰하는 게 제일 좋은 공부예요!

4~5점
읽고 쓰기는… 참 어려워….
그래도… 포기하지 않겠어!

2~3점
어라? 그래도 난 동물이 정말 좋아~!
제일 중요한 건 좋아하는 마음이야!

0~1점
이럴 수가?! 제이크가 나보다
점수가 좋다니… 으, 분해!

일본 시리즈 누계 120만부 돌파!!
초베스트 과학도감 학습만화!!

최강 동물들의 박진감 넘치는 배틀! 제11탄!!

검둥수리 VS 독수리!!

강력한 힘과 스피드가 무기인 검둥수리 군단과 몸집이 크고 공격적인 독수리 군단의 승부!! 흥미진진한 만화와 함께 동물들의 백과사전으로 보는 상세한 정보까지 가득!!

1권 라이온 VS 호랑이

2권 고릴라 VS 곰

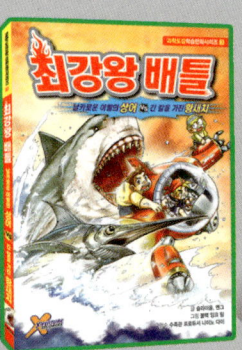
3권 상어 VS 황새치

4권 코끼리 VS 코뿔소

5권 뱀 VS 악어

6권 장수풍뎅이 VS 사슴벌레

7권 고래 VS 대왕오징어

8권 늑대 VS 하이에나

9권 코브라 VS 방울뱀

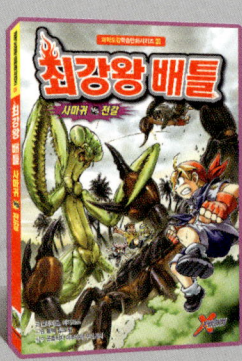
10권 사마귀 VS 전갈

시리즈는 계속 발행됩니다!

극장판 짱구는 못말려 애니 만화 시리즈

수수께끼!
꽃피는 천하떡잎학교

동물소환
닌자 배꼽수비대

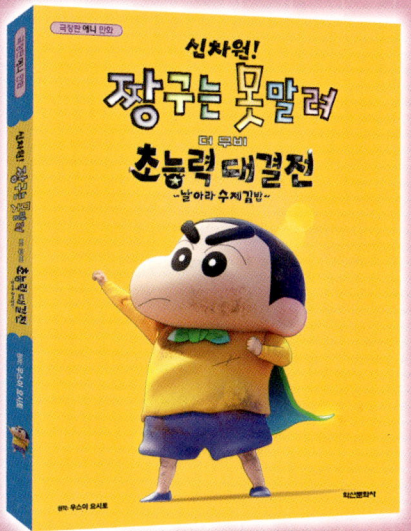
신차원! 짱구는 못말려
더 무비 초능력대결전
- 날아라 수제김밥 -

격돌! 낙서왕국과
얼추 네 명의 용사들

엄청 맛있어!
B급 음식 서바이벌!

정면승부!
로봇아빠의 역습

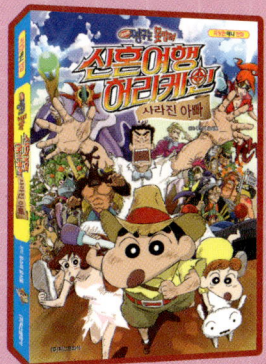
신혼여행 허리케인
사라진 아빠

나의 이사 이야기
선인장 대습격

폭풍수면!
꿈꾸는 세계 대돌격

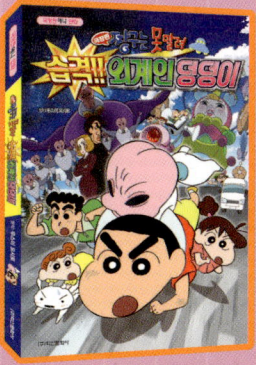
습격!!
외계인 덩덩이

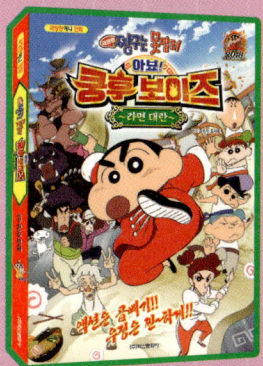
아뵤! 쿵후 보이즈
~라면 대란~

© Yoshito Usui / Futabasha / Shin-Ei / TV Asahi / ADK 2014-2023

학산문화사 발행

2025년 6월 10일 초판 인쇄
2025년 6월 25일 초판 발행

■글 슬라이움, 이카로스
■그림 블랙 잉크 팀
■감수 수의학 박사 무라타 코이치

■발행인/ 정동훈
■편집인/ 여영아
■편집/ 김지현, 김학림, 김상범, 변지현
■미술/ 김지수, 디자인플러스
■해외사업본부/ 한주원, 허은솔, 김종진, 강수진, 김채은, 양하영
■제작/ 김종훈, 박재림
■발행처/ 학산문화사
■등록/ 1995년 7월 1일 제3-632호
■주소/ 서울특별시 동작구 상도로 282
■전화/ (편집)828-8826, 8871 (주문)02-828-8962
■팩스/ 823-5109
http://www.haksanpub.co.kr

ISBN 979-11-411-6248-1
ISBN 979-11-256-9921-7(세트)

DOTCHI GA TSUYOI!? OTSUNOHITSUJI VS BAISON KYODAITSUNO DE POWERFUL KESSEN
X-Venture Primal Power Series: A Fiery Showdown with Giant Horns
Comic by : Black Ink Team Story by : Slaium/Icarus
©2013 KADOKAWA GEMPAK STARZ
First published in Japan in 2018 by KADOKAWA CORPORATION, Tokyo.
Korean translation rights arranged with KADOKAWA CORPORATION, Tokyo.

※이 책의 한국어판 저작권은 일본 KADOKAWA CORPORATION과의 독점계약으로 학산문화사에 있습니다.
저작권법에 의해 한국 내에서 보호를 받는 저작물이므로 불법 복제와 스캔 등을 이용한 무단 전재 및 유포·공유시 법적 제재를 받게 됨을 알려 드립니다.